MEDIAZIONE E SOCIETA'
Vol. I

Indice

Il valore sociale della mediazione

di Silvia Bertini

"Il successo di una Mediazione dipende da una comunicazione efficace e dal valore sociale che il mediatore pone nella relazione tra le persone".

La mediazione non è semplice transazione, né compromesso: si tratta di prospettare possibilità e di inventare alternative per un risultato comune. La mediazione non è soltanto il risultato, eventuale, di un accordo, ma soprattutto un percorso di autonomia che genera uno spazio di comunicazione: si accetta il confronto con l'altro creando una relazione efficace.

La mediazione è un procedimento attraverso il quale due o più soggetti si rivolgono ad un terzo neutrale, il mediatore, per favorire un dialogo tra le parti, con il raggiungimento di un obiettivo concreto: la realizzazione di un progetto di riorganizzazione della relazione che risulti il più possibile soddisfacente per tutti, al fine di ridurre gli effetti indesiderabili di un grave conflitto.

Alla luce dell'entrata in vigore del D.lgs n. 28/2010, l'istituto della mediazione rappresenta una notevole svolta nel panorama di questa riforma epocale, fortemente auspicata dalla Unione Europea e promossa infine dal legislatore italiano. La conciliazione si presenta quale strumento efficace per la migliore gestione delle proprie controversie, non solo in termini di riduzione dei costi economici del conflitto – soprattutto se si pensa ai tempi ormai farraginosi del giudizio ordinario – ma anche e cosa più importante, di riduzione del conflitto sociale mediante la salvaguardia dei rapporti intersoggettivi, sia in via preventiva che successivamente all'insorgere della controversia.

La crisi del sistema della giustizia in Italia e la sempre più avvertita necessità di ricercare soluzioni innovative che possano consentire una più rapida ed efficace tutela dei diritti, ha indotto gli studiosi e gli operatori del diritto ad avvicinarsi sempre con più interesse al c.d. mondo A.D.R. (secondo l'acronimo anglosassone: *Alternative Dispute Resolution*): *"l'insieme degli strumenti di risoluzione delle controversie alternativi al procedimento giurisdizionale ordinario, la cui caratteristica principale è quella di essere modelli sostanziali di risoluzione della lite, diversi dai modelli statali processuali di risoluzione delle controversie e che si caratterizzano per la loro elasticità, confidenzialità ed informalità"*.

La mediazione offre una vantaggiosa e valida aggiunta prospettica alla dinamica conflittuale. Il conflitto è un indicatore che le relazioni tra le persone coinvolte non possono continuare come prima, da questo punto di vista può essere considerato il "motore" del cambiamento. Senza conflitto, le attitudini, i comportamenti, le relazioni rimarrebbero sempre le stesse, a prescindere dalla loro correttezza o meno. I conflitti "rivelano" questioni che vanno affrontate. Se sono affrontate costruttivamente o distruttivamente, questo dipende da *come* il conflitto viene gestito.

I conflitti sono fortemente diffusi nelle interazioni sociali e ci

7

accompagnano nei diversi ambiti di vita; spesso rimaniamo afflitti dai "costi" del conflitto, senza riuscire ad intravvedere possibili soluzioni che restituiscano equilibrio personale e sociale.

Di fronte ad un conflitto, cerchiamo quasi sempre di determinarne le cause per attribuire delle responsabilità, quasi mai ci domandiamo quali ne siano gli scopi e le possibilità che da essa ne derivano.

Raramente il conflitto viene percepito e usato come un'opportunità per migliorare la qualità delle relazioni.

Il concetto di "conflitto" è un concetto ambiguo che assume differenti significati a seconda dei gruppi e dei contesti in cui è usato. In particolare, il conflitto continua ad essere interpretato e percepito come un fenomeno negativo, talvolta persino sinonimo di violenza. E' proprio l'etimologia della parola che ce ne spiega il senso. Conflitto dal latino *conflictus*, cioè urto, cozzo. Parola che nasce da *"con-fligere"* (urtare insieme). Il principio è: lottiamo così stabiliamo chi perde e chi vince, chi è più furbo e chi meno, chi si è allenato meglio e chi peggio, chi ha una strategia vincente e chi ha una strategia perdente. Ed è la diversità di senso che genera i conflitti, dove per diversità di senso si intende la naturale e soggettiva riduzione e semplificazione della complessità oggettiva delle esperienze che serve a delimitare il confine del Sé, dall'altro.

Le situazioni conflittuali possono nascere a causa di una molteplicità di fattori: bisogni, desideri, beni economici, reciproche aspettative disattese, divergenze tra diritti e doveri, ideologie, competizione, difesa del proprio spazio/territorio, scarsità di risorse, distorsioni della comunicazione, etc. In sintesi un soggetto avanza una pretesa o una richiesta ad un altro soggetto, che la respinge. Si va dai microconflitti (faccia a faccia), ai mesoconflitti (gruppi, organizzazioni), fino ai macroconflitti (società, stati). Più i confini sono rigidi più i conflitti si fanno aspri.

Usiamo il conflitto per confrontarci con gli altri sulle nostre idee e i nostri interessi, talvolta usando il nostro potere per imporle. Il conflitto spesso è agito come una rottura del flusso naturale delle nostre relazioni. All'improvviso ci sentiamo più attenti a cose che prima davamo per scontate. Non ci fermiamo più alle apparenze, ma dedichiamo tempo ed energie per interpretare e re-interpretare il reale significato delle cose che accadono. La comunicazione diventa difficile. Fatichiamo ad ascoltare gli altri, a meno che, ovviamente, non siano d'accordo con noi. Difficilmente comprendiamo che cosa fanno le altre persone e perché lo fanno.

Il conflitto diventa contesa soprattutto perché il bisogno percepito come fondamentale è quello di avere ragione, non quello di trovare una soluzione.

Una società senza conflitti non può realisticamente esistere; sarebbe inevitabilmente statica, poiché il conflitto è indispensabile allo stesso mutamento sociale. Una società che negasse i conflitti sarebbe una società di cui ampiamente diffidare, poiché imporrebbe un unanimismo di facciata.

Ciò che conta, non è che ci siano conflitti, ma come questi vengono gestiti: il conflitto di per sé è neutrale, è la sua gestione che lo definisce positivo o negativo.

Il conflitto in se stesso, non consiste in un bene o in un male, ed è normale che si presenti all'interno delle società. La sua rilevanza sta nel fatto che può avere dei risvolti distruttivi o cooperativi. I primi si hanno quando le relazioni sono gestite in forma competitiva e producono la paralisi delle relazioni. I secondi si ottengono con la mediazione, gestendo il conflitto, favorendo la cooperazione relazionale verso un processo creativo di cambiamento. Il conflitto si può anche pensare come la proiezione sul piano sociale di sottosistemi di personalità del piano intrapsichico, solo modificando il secondo si ottengono risultati cooperanti nel primo. Infatti il ruolo del mediatore sarà quello di far emergere su ciascun partecipante quelli che sono i reali interessi all'origine del conflitto, anche sulla base del significato personale che ciascuno attribuisce a quella situazione, per facilitare soluzioni alternative al ricorso ordinario della legge.

Gli esperti sanno che un conflitto si risolve trasformando le posizioni opposte (differenze) in un solo risultato. E questo può avvenire attraverso tre possibili modalità:

1) METODO INTERESSI: Tentando di riconciliare gli interessi delle parti. I reali interessi sono ciò che si vuole veramente e che spesso non si esprime. Le procedure basate sugli interessi possono prevedere un terzo come per la *Mediazione*, oppure solo le due parti senza il mediatore con la *Negoziazione diretta*.

2) METODO DIRITTI: Cercando di stabilire chi ha ragione, anche nei termini giuridici. I diritti sono ciò che si pretende avere basandosi su norme, consuetudini ed equità per obbligare qualcuno a fare ciò che spontaneamente non farebbe. Le procedure basate sui

diritti prevedono sempre un terzo e sono il *Giudizio* o l' *Arbitrato*.

3) METODO POTERE: Accertando chi è il più forte, quanto a potere. Ciò che si pretende avere basandosi sulla forza per obbligare qualcuno a fare ciò che spontaneamente non farebbe. Le procedure basate sulla forza non prevedono un terzo, possono consistere in: *guerre, scioperi, disobbedienza civile, liti.*

La mediazione privilegia il metodo degli interessi, senza pregiudicare gli altri metodi.

La mediazione è un'importante strumento alternativo di risoluzione delle controversie civili, in grado di rendere i tempi della giustizia civile più rapidi.

Per smaltire l'enorme arretrato di cause civili, che attualmente ammonta a circa 5 milioni e mezzo di procedimenti pendenti, ci vogliono dieci anni (3449 giorni: durata media effettiva di un processo civile) per avere una sentenza. Il processo civile all'italiana è considerato tra i peggiori al mondo (Cfr. L'Espresso). In una classifica sull'efficienza del sistema giudiziario fornita dal rapporto "*Doing Business*" redatto dalla Banca Mondiale, relativa alla facilità di investire in 183 Paesi del mondo, l'Italia, che nella classifica generale già occupa soltanto il 78° posto, per quanto concerne l'efficienza del processo è addirittura al 158° posto. Il metro è la sentenza-standard che punisce l'inadempimento di un contratto: in Italia arriva dopo 1.210 giorni, contro 394 della Germania, (389) Gran Bretagna, (360) Giappone, (331) Francia, (300) Stati Uniti. Ci battono alla grande anche Ghana (487), Gambia

Silvia Bertini

(434), Mongolia (314) e Vietnam (295). Di converso in Italia i costi legali sono altissimi: il 29,9 per cento del valore della causa, contro il 14,4 della Germania e il 9,9 della Norvegia. In pratica le aziende straniere incassano i danni nel giro di un anno, mentre l'impresa *made in Italy* deve aspettare 40 mesi e intanto chiedere i prestiti. Perciò secondo uno studio di Bankitalia, in un caso su tre, si evita il processo accettando accordi al ribasso.

Come sostiene Chiara Giovannucci Orlandi: "*Uno dei motivi per cui si è parlato sempre di più di mediazione è l'ormai inarrestabile crisi della giustizia che, a mio avviso, non consiste solo nella sua cronica lentezza ed incapacità di soddisfare le aspettative dei litiganti, ma trova causa ed effetto in un più ampio e diffuso malessere sociale che spinge verso i due estremi che sono: da un lato l'aumento della litigiosità e dall'altro, il desiderio di trovare strumenti di pacificazione sociale che permettano ad ognuno di superare le difficoltà della convivenza senza trasformare ogni questione in conflitto e ogni conflitto in guerra.*"

La mediazione è una negoziazione supportata. Si tratta di un processo strutturato durante il quale una terza parte imparziale priva di alcuna autorità decisionale supporta altri durante i conflitto nel negoziare un accordo accettabile per le parti coinvolte.

Diversamente dall'arbitrato, durante il quale l'intermediario ascolta le argomentazioni di entrambe le parti e prende una decisione vincolante per i contendenti, il mediatore supporta le parti nello sviluppo di una loro soluzione.

Nella società civile, il diritto risulta essere il principale strumento per evitare il ricorso sistematico alla violenza, ma presenta delle difficoltà nella pacificazione nei rapporti sociali, andando ad alimentare quella che gli esperti chiamano *recidiva della litigiosità*, secondo una visione patologica del conflitto: ossia come un problema da risolvere in via esclusivamente tecnica in una struttura formalizzata: il processo-giudizio in cui premiare il vincitore e punire il vinto. In analogia come per certi medicinali, il diritto sembra capace di trattare i sintomi e non le cause di un malessere sociale, confondendo spesso la verità con la vittoria, lasciando sconfitto l'avversario, considerato come "nemico", non c'è pace ma armistizio, tenta di scalfire la superficie di un conflitto per coglierne le ragioni profonde.

Il giudizio guarda al passato per raccogliere gli elementi su cui fondare la sua verità, la mediazione è rivolta al futuro per generare opportunità.

Nell'ambito della mediazione si abbandona la visione del conflitto in chiave di patologia sociale, per aderire ad una concezione del conflitto in termini di evento fisiologico della società, "espressione normale e presente in tutte le comunità sociali". Con questo cambio di paradigma, si ottiene una visione prospettica del tutto differente, attraverso cui ricercare scopi e possibilità. Ossia di confronto tra tesi e opinioni in antitesi attorno ad un problema, anche di duro contrasto, ma non necessariamente di dissidio insanabile che escluda a priori la possibilità di comunicare e implichi la trasformazione dell'avversario in un nemico da sconfiggere come per il diritto-giudizio. Mentre nella mediazione, non ci saranno vincitori, né vinti e i litiganti saranno percepiti come persone.

13

Silvia Bertini

Nella mediazione le parti conservano il controllo sulla soluzione e cedono al terzo il controllo sulla procedura, inoltre:

1) I soggetti sono coinvolti direttamente nella negoziazione dell'accordo.
2) Il mediatore, in quanto terzo neutrale, possiede una visione "esterna" e oggettiva del conflitto; per questo può facilitare nella direzione di alternative insospettate.
3) La procedura è rapida e meno costosa, sia rispetto al giudizio, sia all'arbitrato.
4) I mediatori sono professionisti con formazione e competenza tecnica.
5) E' la procedura che tutela di più la conservazione dei rapporti tra le persone.
6) E' aperta a soluzioni creative che rispecchino i reali interessi dei soggetti.
7) Le informazioni assunte sono riservate e non possono essere utilizzate per altre procedure formali e informali.
La partecipazione e su base strettamente volontaria e può essere ritirata in qualsiasi momento.

La finalità della mediazione è l'accordo tra i soggetti, durevole e mutualmente accettabile, per cui la gestione del conflitto diventa esclusivamente un mezzo e non l'obiettivo. *L'obiettivo finale della mediazione è l'accordo, si può raggiungere solo se le parti si riappropriano creativamente, nell'interesse proprio e dei soggetti coinvolti, della propria "attiva e responsabile capacità decisionale". La mediazione può avere effetti duraturi solo se prende in considerazione gli stati emotivi e relazionali del processo di diversità che porta alla conflittualità* (Francesca Luongo)."

Il conflitto rimane sicuramente una sfida fondamentale per il genere umano. La sfida consiste nel realizzare i vantaggi in maniera tale da minimizzare i costi necessariamente connessi al conflitto. Una chiave molto interessante sta nell'abilità del mediatore nel favorire una comunicazione più produttiva di quanto non farebbero le stesse parti, nel generare nuove idee. In questo modo si evitano ulteriori polarizzazioni e si forma un terreno comune per nuove discussioni e negoziazioni.

Il bravo mediatore sa bene che gli attori differiscono per i loro obiettivi ed interessi, per le loro posizioni, la capacità di realizzare i loro interessi e per le relazioni che hanno con gli altri attori. Dove per *interessi,* abbiamo visto, s'intendono i reali e spesso nascosti bisogni (preoccupazioni, obiettivi, speranza e paure) che stanno alla base del conflitto; gli *obiettivi* sono le strategie che gli attori usano per perseguire i propri interessi; le *posizioni* hanno a che fare con il fatto che i conflitti possono essere generati dall'avvertire che la propria identità non è riconosciuta. Le identità si costruiscono attraverso la sovrapposizione di tanti tratti ed esperienze. Conflitti circa l'identità nascono quando membri di un gruppo sentono che la loro immagine di sé e messa in pericolo o negata o non rispettata. Poiché dall'identità dipende sia l'autostima che la nostra visione del mondo, ogni minaccia all'identità produce una forte reazione/soluzione che l'attore propone per risolvere un dato problema in un determinato contesto, senza tenere conto degli interessi e degli obiettivi degli altri. Le *capacità* dell'attore possono influenzare il contesto, positivamente o negativamente. Infine per *relazioni* s'intendono le interazioni fra i diversi attori ai vari livelli, e la loro percezione di queste relazioni.

L'abilità del mediatore andrà a focalizzarsi sugli interessi, non sulle posizioni: gli interessi sono i bisogni di fondo, i desideri, le preoccupazioni, le mancanze, i valori o le paure. Gli interessi motivano le persone, ma spesso le persone si arroccano su una posizione. Durante il conflitto, gli individui e i gruppi solitamente sostengono solo una posizione e diventa difficile negoziare compromessi e posizioni.

Dietro le posizioni ci sono molteplici interessi, e focalizzarsi sugli interessi fornisce ai mediatori più spazio per facilitare soluzioni accettabili.

In conclusione, con lo strumento della mediazione non si vuole sostituire l'ambito del giudizio, ma si vuole immettere e sviluppare un canale parallelo al diritto: un metodo di risoluzione alternativo delle controversie, capace di affrontare il conflitto con altri mezzi rispetto al sistema della giustizia ordinaria, non solo per diminuire l'enorme ammontare delle cause civili e commerciali, ma per attivare una possibilità di ascolto/confronto che tenga maggiormente in considerazione il mantenimento delle relazioni sociali in un dato contesto ambientale, dove più favorevolmente poter alimentare un punto di convergenza comune, conveniente e più velocemente raggiungibile.

Nella previsione legislativa, questo istituto dovrebbe portare, da qui a qualche anno, ad una notevole diminuzione del futuro contenzioso giuridico, producendo un corrispondente effetto deflattivo. Il Governo stima in circa un milione le cause civili che resteranno fuori dai tribunali grazie al decreto che ha reso obbligatoria la conciliazione prima del processo. E la stima è al ribasso. Questo è il primo evidente vantaggio di cui beneficerà la macchina della giustizia italiana. E posto che ciascuna parte in causa (quindi almeno due) dovrà pagare un'indennità (stimabile in 500 euro di media), si arriva alla previsione di un miliardo di euro quale cifra complessivamente in gioco. Alla quale dovrà essere poi sommata la quota, più difficile però da calcolare, derivante dalle mediazioni facoltative che aumenteranno di riflesso.

La diffusione ed il consolidamento della mediazione e delle A.D.R., nel nostro paese, dovrà essere affiancata da un reale conoscenza e sviluppo della cultura della conciliazione nel creare una *forma mentis* orientata verso la mediazione.

BIBLIOGRAFIA

Cavallero, G.C. (2002). *Analisi transazionale: linee generali per un modello di formazione. Atti de Convegno Italiano di Analisi Transazionale.* Roma, LAS.)

Giovannucci Orlandi C., *La Conciliazione consensuale extragiudiziale: il quadro normativo internazionale, comunitario e nazionale,* in "Le Istituzioni del federalismo". Regione e Governo Locale. Bimestrale di studi giuridici e politici delle RER, 2008 Nov./Dic.).

Silvia Bertini

Cosi G., *L'accordo e la decisione. Il conflitto tra giudizio e mediazione*, in "Le Istituzioni del federalismo". Regione e Governo Locale. Bimestrale di studi giuridici e politici delle RER, 2008 Nov./Dic.).

Biondani P., *Inchiesta/Ingiustizia. Dieci anni per una sentenza, 5,5 milioni di cause arretrate. E' il nostro processo civile*. L'Espresso. Settimanale di politica cultura economica. n.48 anno LVII, 1 dic. 2011.

Santi Di Paola N., Carneglia F., *Guida alla nuova conciliazione*, Maggioli Editore, 2010.

Luongo F., *Verso la cultura della mediazione*, Learning news, AIF, 2009.

Mediazione e Conciliazione. Normativa, Contributi, Approfondimenti, Raccolte del Centro   Studi Manieri Editore, Roma 2011.

La direttiva CEE n. 52/2008: recepimento e sviluppi in Italia

di Alessio Cavazza

Il 21 Maggio 2008 viene emanata in sede europea la Direttiva n. 52, individuata dai più come l'ennesimo documento legislativo partorito da Parlamento e Consiglio Comunitario avente ad oggetto la mediazione. Parecchi interventi, infatti, si sono susseguiti nel primo decennio del XXI° secolo. Giova qui ricordarne tre:

Raccomandazione n. 257 del 30 Marzo 1998;
Raccomandazione n. 310 del 4 Aprile 2001;
Libro Verde, 19 Aprile 2002;

Entrambe le Raccomandazioni, ovvero atti assolutamente non vincolanti ma con scopo di indirizzo, vertevano a fornire un primo, importante, focus su come sarebbe stato necessario gestire casi di *"Alternative Disputes Resolutions"* (d'ora in poi: ADR). Scendendo nel dettaglio, sembrerebbe oggi quasi banale analizzare la Racc. 257, essendo essa una mera stesura in forma quasi di elenco dei principi cardine dei procedimenti di Mediazione.

Di ben altro tenore è, invece, la Racc. 310: essa, infatti, impone determinati vincoli di natura prevalentemente tecnica riguardanti l'attività dell'Organismo e del Mediatore designato. Suddette linee guida prevedono anche specifiche casistiche, analizzate dal Legislatore Europeo in modo puntuale.

A parere di chi scrive, dallo stato embrionale in cui ci si trovava pochi anni prima si è finiti ora nella c.d. "FASE II", ovvero quella in cui un provvedimento generico e astratto si trova a dover scontare le ovvie e prevedibili lacune iniziali e risolvere situazioni di carattere pratico o semi-pratico, spesso in seguito a interpellanze o richieste avanzate da esperti e teorici dell'argomento.

In linea generale si individua un trend modificativo che tende a delimitare l'ambito di definizione delle ADR, escludendo i procedimenti in cui (come l'arbitrato) il soggetto terzo ed imparziale è in grado ed anzi deve imporre ai partecipanti una decisione vincolante, avente i caratteri tipici di una sentenza.

Il procedimento di mediazione sta perciò acquisendo una vita propria, autonoma rispetto al "giudizio" di antica memoria: non più attività riposta supinamente nelle mani di un terzo, bensì affidata alla gestione dei soggetti coinvolti.

Venendo al Libro Verde della Commissione CE si riscontra un'illuminante attività esegetica da parte del legislatore. Il dibattito, ormai decennale, su questioni tecniche quali l'accesso alla giustizia, i termini di prescrizione, la riservatezza, l'efficacia, la posizione giuridica dei mediatori nonché la loro formazione, il loro riconoscimento e la loro responsabilità assurgono a problematiche di pregnante importanza; questi argomenti, a tutt'oggi, non smettono di destare frequentemente

Alessio Cavazza

l'attenzione degli studiosi pratici della mediazione, riattizzando i carboni non spenti di nuove vecchie sfide e permettendo ai responsabili dei singoli organismi di utilizzare la propria sensibilità giuridica (irrinunciabile substrato di formazione per chi voglia intraprendere questa delicata mansione) per approcciarsi di volta in volta a nuove soluzioni.

Proseguendo è bene soffermarsi sul Codice Europeo di condotta per i Mediatori, emanato nel Luglio 2004 e, per uscire dall'ambito comunitario, citare il modello di legge della Commissione delle Nazioni Unite sul Diritto Commerciale Internazionale riguardante la Conciliazione Commerciale Internazionale del giugno 2002.

Il primo possiede peculiarità assai rare in ambito di previsioni normative, generalmente parlando: esso è, infatti, stato elaborato di concerto con organizzazioni e privati e soprattutto con l'ausilio di esperti in ambito di Mediazione.

La nascita del Codice di Condotta, infatti, è attribuibile ad una cosiddetta Commissione Mista, ove la Commissione Europea ha partecipato in qualità di primus inter pares, esprimendo altresì soddisfazione e gratitudine per essere stata coinvolta.

Il secondo, detto anche UNCITRAL, possiede la peculiarità di avere ispirato provvedimenti in stati extraeuropei, e precisamente negli USA ("Uniform Mediation Act") e in centro America (Nicaragua).

A fronte di tale abbondanza, perché dedicare allora un'attenzione particolare alla Direttiva n. 52?

Sul piano tecnico, sicuramente perché rappresenta un punto d'arrivo significativo, pur se non definitivo, del dibattito sviluppatosi in questi anni sul tema della mediazione, dal Libro Verde ad oggi.

Passando al piano normativo generale, invece, merita un giusto plauso poiché è individuabile come il primo tentativo di disciplinare la mediazione armonicamente e con linee guida unitarie, pur non mancando di rispetto alle singole legislazioni nazionali.

Giungendo a trattare specificamente dell'Italia, occorre elogiare la prontezza e la ricettività del nostro Governo nel dare attuazione pressoché immediata alla disciplina inserita nella Direttiva qui analizzata. Questa integrazione ha poi dato il via ad un iter normativo che, nel giro di pochi anni, ha portato a notevoli sviluppi ed elaborazioni dottrinarie a riguardo.

Nel corso del lasso di tempo intercorrente tra il 2009 ed il 2010, infatti, il Parlamento ha delegato il Governo a legiferare in materia di mediazione (giugno 2009), il Governo l'ha fatto delegando ulteriormente il Ministro della Giustizia, portandolo ad emanare il relativo Regolamento (marzo 2010) e il Ministro stesso ha, poi, compiuto quanto di sua competenza (ottobre 2010).

Assume ancora maggior rilievo un tale atteggiamento se pensiamo che, fino a poco tempo prima, l'inerzia ha regnato sovrana nonostante i ripetuti solleciti di impulso europeo nel decennio precedente.

Con riguardo a quest'ultimo punto di vista occorre ricordare che il punto 8 della premessa recita testualmente :

"Le disposizioni della presente direttiva dovrebbero applicarsi soltanto alla mediazione nelle controversie transfrontaliere, ma nulla dovrebbe vietare agli Stati membri di applicare tali disposizioni anche ai procedimenti di mediazione interni".

Il legislatore italiano, attraverso l'iter sopra richiamato, ha utilizzato appieno tale possibilità offertagli, fondando su tale Direttiva la propria legislazione interna.

La lentezza tipicamente italica nel recepimento di legislazioni sovranazionali è, infatti, questa volta stata smentita dalla celerità con cui, in ampio anticipo rispetto alle prescrizioni normative imposte in sede comunitaria, l'impianto normativo è stato predisposto e attuato.

Il termine massimo fissato nel 21 maggio 2011 è stato largamente rispettato, probabilmente a causa della dotta furbizia finalmente mostrata e portando ad annoverare in tempi record il nostro stato tra quelli che prevedono una ADR.

La mole immane del contenzioso ordinario rende ancor più preziosa l'efficienza dimostrata in sede di conversione di normativa sovranazionale *"non self executing"*. Non si può, date queste premesse, dire che l'Italia abbia agito da irresponsabile guascona di corte come in altre occasioni.

Il filo del discorso porta a dover delineare quale sorte abbia avuto, in termini pratici, l'applicazione della Direttiva di cui sopra: ebbene il Decreto Legislativo n. 28 del 4 Marzo 2010 ha tradotto gli sforzi del Governo in tangibile realtà, introducendo altresì in data successiva anche il Decreto 180/2010.

L'appena menzionato decreto 180, riguardante soprattutto l'attività di gestione e organizzazione degli Organismi di Mediazione nonché dei Mediatori in essi iscritti, presenta una caratteristica di non poco conto: proponenti ne sono il Ministro di Giustizia di concerto con il Ministro allo Sviluppo Economico.

La direttiva CEE n. 52/2008: recepimento e sviluppi in Italia

Quale migliore auspicio per una innovazione tanto prorompente in un settore così antico (e a tratti antiquato) quale è quello del Diritto?

Veniamo ora ad analizzare, sostanzialmente articolo per articolo, la Direttiva n. 52.

All'art. 1 si parla, in via generale, dei rapporti tra l'istituto della Mediazione e quello del giudizio ordinario. Si parla esplicitamente di "equilibrata relazione". Ad oggi risulta facile applicare questo principio generale alla possibilità di esperire giudizio ordinario in seguito ad una mancata mediazione, come appare lampante l'utilizzo della disposizione che offre l'opportunità di adire il Presidente del Tribunale per omologare l'accordo siglato tra gli intervenuti alla mediazione.

L'ambito di applicazione, come già accennato in precedenza, è tra le controversie transfrontaliere (vd. art. 1 e art. 2), essendo la mediazione ritenuta una via extragiudiziale di risoluzione dei conflitti assai pratica e snella e perciò adatta a chiudere un diverbio tra soggetti che, molto spesso, hanno scarse possibilità di incontrarsi e dialogare in contesti diversi rispetto a quelli lavorativi o, ovviamente, di alterco.

Intelligenti rinvii agli obblighi, eventualmente imposti dal diritto nazionale, di sottoporsi a mediazione hanno dato l'input al legislatore italiano per la riforma attuata in più scaglioni (2010 – 2011 – 2012) avente ad oggetto l'introduzione di materie che obbligatoriamente prevedono il passaggio per l'istituto della mediazione, rendendola condizione di procedibilità per il giudizio ordinario.

All'art. 3 si fornisce una esaustiva descrizione della conciliazione, ponendo l'accento sull'impegno che i soggetti

25

coinvolti devono dimostrare al fine di riuscire a far avere esiti tangibili al termine del procedimento.

Il mediatore, infine, viene descritto come il soggetto terzo (e di questa terzietà ci viene fornita ampia descrizione nella legislazione interna) che deve "condurre" la mediazione. È bene soffermarsi, spendendo qualche parola, sull'attività di "conduzione" dell'iter di mediazione da parte del mediatore.

Chi scrive trova corretto l'utilizzo del verbo adoperato dal legislatore: è bene individuare l'attività di cui si parla come in un "aiutare", un " guidare" o un "coadiuvare". Non dimentichiamo, infatti, che il mediatore non ha un potere di tipo autoritativo all'interno del procedimento se non per le fasi di cui questo è composto. Egli può decidere, al fine di chiarire quanto appena espresso, a quali fasi ricorrere; quando imporsi e quando lasciare sfogare le parti; quando interrompere chi si trova davanti a lui e quando lasciar correre; non potrà mai, invece, imporsi come autorità. Nulla giova più ad una mediazione che la "trasparenza" del mediatore.

A mio personale avviso, l'incaricato a questa delicata posizione deve essere una mano invisibile che sospinge delicatamente i soggetti verso soluzioni di tipo conciliativo, limitando il più possibile consigli o affermazioni dirette e/o impositive.

In sintesi: il mediatore più efficiente ed efficace è quello che c'è ma non si sente.

Di secondaria importanza per chi lavora in questo ambito nello stato italiano è l'art. 5: molto raramente un giudice rinvierà le parti d'ufficio all'istituto della mediazione. L'intraprendente legislatore italiano ha perciò ovviato a questa superfluità introducendo materie (numerose, a dire il vero) in cui la mediazione è condizione di procedibilità per un giudizio ordinario, ai sensi del secondo comma de medesimo articolo. L'art. 6 prevede una possibilità assai attraente per le parti intervenute alla mediazione: l'accordo dai soggetti sottoscritto (e, ricordiamolo, non dal mediatore, il quale sottoscrive il solo verbale) può essere reso esecutivo (eccetto i casi di contrarietà alla legge statale o quelli in cui non ne sia possibile l'esecutività per cause interne) tramite omologazione dal Presidente del Tribunale.

All'art. 7 viene introdotto un principio cardine della mediazione, che assumerà ruolo via via più pregnante nei decreti ministeriali interni successivi (2010 e 2011) : la riservatezza. In questo caso si tratta della sola riservatezza esterna, ovvero di quella che prevede la non esternazione di quanto affermato in sede di mediazione in una successiva sede giudiziale ordinaria.

In poche parole: il mediatore che abbia guidato una seduta non può presentarsi e non può essere chiamato a testimoniare innanzi ad un giudice (sia esso anche un arbitro) con riguardo alle informazioni raccolte nell'iter conciliativo. Vengono espresse inoltre alcune, specifiche, deroghe che ben di rado vengono applicate. Da evidenziare l'ultimo comma dell'articolo in questione: agli stati membri è concessa la possibilità di ampliare l'ambito di applicazione della riservatezza, adottando misure più restrittive. È possibile prevedere un'estensione della stessa, che però in nessun caso dovrà procurare una elisione (ancorché indiretta) delle previsioni minime insite nella direttiva che stiamo analizzando. Di carattere squisitamente tecnico è l'art. 8, di cui si omette di disquisire in questa parte della trattazione poiché, giustamente, è stata prevista in altra sede un'analisi approfondita. Ci si limita ad affermare che, ad avviso di chi scrive, una sospensione nei termini di prescrizione o decadenza nei casi in cui venga esperita una mediazione sia più che auspicabile.

All'art. 9, l'ultimo che tratteremo, viene esplicitata la propensione e l'interesse oggettivo che l'Europa dimostra di avere nei confronti della mediazione: un incoraggiamento a livello comunitario di un istituto non è cosa di poco conto, soprattutto considerando le difficili attività di armonizzazione interna che, inevitabilmente, si sono incontrate in passato e si incontreranno, inevitabilmente, negli anni a venire.

Della parte relativa all'attuazione (art. 12) si è ampiamente trattato in precedenza. Rimando perciò il lettore a quanto indicato sopra con riferimento alla celerità del legislatore italiano nell'attuazione dei principi sin qui esposti

La mediazione: un accesso alternativo alla giustizia

di Francesca Deias

A *conclusione del primo semestre* dall'entrata in vigore della mediazione obbligatoria, i primi dati applicativi rivelano una forte diffidenza verso il nuovo istituto.

A fronte di 33.808 procedimenti richiesti (alcuni relativi peraltro a materie che ancora non rientrano nell'obbligatorietà) 19.388 risultano quelli definiti.

Di questi ultimi, solo il 30% si sono conclusi con un accordo conciliativo.

La mediazione non è, quindi, andata a buon fine quasi nel 70% di quei 19 mila procedimenti (per l'esattezza nel 69,38%), perché la parte convocata non ha preso parte alla procedura.

Si è invece presentata solo nel 30,62% dei casi. Di questo 30%, il 52,6% è andato a buon fine; nel rimanente l'accordo non è stato raggiunto.

I dati non sorprendono.

Se molti sono stati i problemi legati alla concreta applicazione della normativa di riferimento, indiscutibilmente viziata e lacunosa in molte previsioni, l'ostacolo maggiore al migliore utilizzo del nuovo istituto è stato sicuramente determinato dalla distanza, nel nostro Paese, dalla cultura che ha visto altrove maturare ed affermare la mediazione quale meccanismo efficiente di soluzione del contenzioso.

E' anche vero che, a pochi mesi dall'entrata in vigore del d.lgs. 28/2010, è certamente prematuro osare una valutazione degli effetti della riforma, tenuto anche conto del differimento a marzo prossimo dell'obbligatorietà della mediazione in materia di condominio e risarcimento del danno derivante da circolazione stradale.

Nonostante le chiare resistenze a ricorrere all'istituto, le rilevazioni statistiche effettuate dal Ministero della Giustizia per il primo semestre, rivelano comunque un trend di istanze depositate in leggero ma costante aumento.

E se l'aderente, fino a questo momento è comparso, determinando un effettivo incontro in mediazione, solo nel 30,6% dei casi, il dato risulta comunque in lieve crescita da giugno a settembre, con la previsione di un ulteriore incremento riconducibile alla disposizione, entrata in vigore con la manovra di Ferragosto, che obbliga la parte costituita davanti al Giudice che non ha partecipato al procedimento di mediazione senza giustificato motivo, al versamento di un importo corrispondente al contributo unificato dovuto per il giudizio.

E' importante, tuttavia, sottolineare il raggiungimento dell'accordo nel 52,6% dei procedimenti nel caso di adesione della parte convocata. Inoltre, il successo registrato rappresenta una percentuale sicuramente inferiore a quella reale, in quanto non comprensiva dei molti accordi raggiunti dopo l'attivazione della procedura, ma al di fuori degli Organismi.

L'evoluzione mensile delle mediazioni definite denota una

31

aumento della percentuale degli accordi raggiunti dal 26% del periodo marzo-aprile, al 55% del mese di settembre e, da luglio in poi, una quota dei successi sempre superiore a quella degli insuccessi.

Riguardo la difesa tecnica in mediazione, sebbene non richiesta dalla normativa, dai dati ministeriali emerge come quasi l'84% dei proponenti abbia preferito farsi assistere da un legale. E' interessante notare come il dato si ribalti per le parti aderenti al procedimento, che fino a questo momento, nel 79,5% dei casi hanno scelto di presentarsi senza un avvocato.

Questo dato potrebbe contribuire a confermare l'iniziale insuccesso del sistema.

Se la parte proponente, infatti, tende ad avviare la procedura, che spesso considera transitoria in funzione del giudizio, con il proprio legale, la parte aderente spesso sceglie di evitare l'aggravio di spesa di un avvocato per un disinteresse a priori verso la definizione amichevole della lite.

A questo proposito, com'è noto, molte sono state le critiche secondo cui, la mancata previsione normativa di un obbligo di patrocinio legale nel procedimento di mediazione, violerebbe il disposto dell'art. 24 della Costituzione.

In realtà il principio ispiratore dell'art. 24 dovrebbe rintracciarsi nell'esigenza di evitare che la tutela dei diritti sia impedita dalla scarsità di risorse economiche, cosa che avviene, al contrario, attraverso l'imposizione del pagamento di un servizio, come quello legale, anche qualora non sia necessario né richiesto. L'istituto della mediazione è invece pienamente conforme a questa logica. Ciò non esclude che possa essere previsto il gratuito patrocinio, se espressamente richiesto da una delle parti e il mediatore ne ravvisi l'opportunità, nell'ambito dei poteri già conferitigli dall'art. 8 comma 4 del decreto 28/2010.

Per quanto attiene all'origine delle mediazioni trattate fino a questo momento, si può osservare come quelle obbligatorie ai sensi del d.lgs. 28/2010, rappresentino, allo stato attuale, l'elemento trainante di tutto il sistema (75% dei casi), con una percentuale positiva anche di mediazioni volontarie (23%). Le mediazioni demandate dal giudice, si attestano, invece solo in una percentuale pari al 1%, dato preoccupante se si considera che lo smaltimento dell'enorme contenzioso pendente tramite la mediazione dipende quasi esclusivamente dalla delega dei giudici.

Allo stesso modo, risultano, ancora, poco diffuse le clausole contrattuali di rinvio al nuovo istituto, che finora hanno condotto le parti in mediazione solo nel 1% delle procedure attivate.

Osservando, invece, il valore delle liti portate in mediazione, le frequenze segnano percentuali interessanti per controversie fino a 250.000 euro, sebbene la distribuzione maggioritaria abbia, per ora, interessato le liti di valore minimo, con importi coinvolti fino a 5.000 euro.

Il dato potrebbe scoraggiare se inducesse a ritenere che il ricorso alla mediazione continuerà a limitarsi solo alle controversie di modesto valore, dal momento che per quelle 'maggiori' le parti continueranno comunque a preferire il giudizio. L'esperienza consolidatasi a livello internazionale mostra, però, una tendenza opposta in questo senso. Quando la controversia verte su valori tali da compromettere, in caso di perdita in giudizio, la salute economica o la sopravvivenza di un'impresa, si registra, tendenzialmente, la disponibilità maggiore delle parti a giungere ad un accordo mediato, anche a costo di rinunciare a buona parte delle ragioni rivendicate inizialmente.

Indiscutibilmente vantaggioso è risultato, fin d'ora, il ricorso alla mediazione in relazioni ai tempi di definizione della controversia (in media 42 giorni) e ai costi sostenuti dalle parti. Come evidenziato, stavolta dall'*Osservatorio Unioncamere,* se le spese affrontate dalle parti in mediazione rappresentano ad oggi il 3,5% del valore della controversia trattata, in un processo ordinario il costo sostenuto dalle parti, sale, in media, a quasi il 30%. Considerate solo le procedure attivate presso le Camere di Commercio, il risparmio complessivo sarebbe stato, per il primo semestre, di oltre 21 milioni di euro, mentre supererebbe nel complesso gli 80 milioni se valutato l'intero mercato delle mediazioni.

Questo chiaramente non è bastato e non potrà bastare ad appagare la legittima esigenza di tutela da parte dei cittadini né a favorirne un reale avvicinamento alla mediazione.

Il nostro sistema è radicato su strutture ed esperienze di giustizia troppo lontane da quelle in cui sono maturati e si sono consolidati i tipici modelli conciliativi ed il recepimento di un nuovo schema di giustizia non può, in alcun modo, pretendersi in automatico.

Allo stesso tempo non si può sperare che sia l'attesa pronuncia della Consulta, per quanto orientata a fugare le numerose accuse di incostituzionalità mosse alla riforma, a convincere i cittadini che l'introduzione della mediazione nel nostro ordinamento possa funzionare garantendo giustizia.

L'unica strada per superare l'attuale ostilità verso la riforma è il riconoscimento delle vere opportunità insite nella stessa.

E' diffusa l'idea che la mediazione, soprattutto secondo le modalità con cui si impone oggi, abbia come primo obiettivo quello di deflazionare il contenzioso civile, ovvero di fungere da strumento teso a rallentare, se non ad ostacolare, l'accesso alla giustizia. Questa prospettiva in realtà, non può essere prioritaria rispetto ad altre.

E' indubbio che la mediazione sia stata introdotta nel nostro ordinamento allo scopo, comune a tutte le più recenti riforme del processo civile, di decongestionare il contenzioso.

E' però limitante pensare che la sua funzione vada intesa solo in senso negativo, quale soluzione ai mali della giustizia ordinaria, e non, anche, in una prospettiva positiva, quale espressione e strumento di un diverso accesso alla giustizia, quello offerto dal principio di sussidiarietà sociale.

L'art. 118 Cost., nella sua formulazione attuale e più moderna interpretazione, si fa espressione oltre che di una sussidiarietà verticale, secondo cui i soggetti di rango superiore non debbono interferire, ma anzi sostenere, ove possibile, l'autonomia di quelli di rango inferiore, anche di una sussidiarietà orizzontale, impegnata nella valorizzazione dell'autonomia e della responsabilità dei singoli, da sviluppare in termini di impegno individuale, cooperazione e gestione coordinata degli interessi.

Se il sistema di giustizia ordinario ha finora regolato coercitivamente i rapporti fra i soggetti attraverso la sentenza, la mediazione, quale fenomeno di diritto sostanziale, offre

Francesca Deias

adesso l'opportunità alternativa di definire, in via diretta, i rapporti fra le parti prima e a prescindere dai meccanismi del giudizio, oramai patologici in termini di costi e di tempi.

In questa direzione, la mediazione non nega né si pone quale strumento alternativo alla giustizia, bensì offre una possibilità di **accesso alternativo alla giustizia** che, se fino ad oggi si è imposta a fatica, nel lungo periodo dovrebbe essere sfruttata, in linea con l'art. 118 Cost., per creare quella gestione diretta e partecipata, e proprio per questo più efficiente, degli interessi coinvolti.

www.ingramcontent.com/pod-product-compliance
Lightning Source LLC
LaVergne TN
LVHW021549080426
835509LV00019B/2922